RALF APEL & ALEXANDRA FUNK

# Moosgummi

## 15 Geschenkideen dekorativ und pfiffig

Vielsei/d/ig Verlag
Bamberg

Moosgummi hat inzwischen einen festen Platz im Bastelgewerbe eingenommen. Dies liegt zum einen an den vielfältigen Verwendungsmöglichkeiten und zum anderen daran, daß es relativ preisgünstig ist. Für die kleinen Einstiegsbastler ist Moosgummi deshalb besonders gut geeignet. In unserem Buch möchten wir dazu anregen, kleine Geschenke zu entwerfen. Lustige Blumenstecker z. B. bieten sich in Verbindung mit einem passenden Strauß jederzeit hervorragend als „Mitbringsel“ an. Selbstverständlich können die selbst gebastelten Schmuckstücke auch für eigene Zwecke verwendet werden. Die Farben oder Motive kann jeder nach Geschmack umgestalten. So lassen sich z. B. Haarspangen aus Teilen der Uhr oder des Türschilds zusammensetzen usw.
Lassen Sie also Ihrer Phantasie freien Lauf, dann macht das Basteln doppelt soviel Spaß.

Und genau diesen Spaß möchten wir unseren großen und kleinen Lesern wünschen

Tschüß und gutes Gelingen

Sandy & Ralfi

# SO WIRD'S GEMACHT:

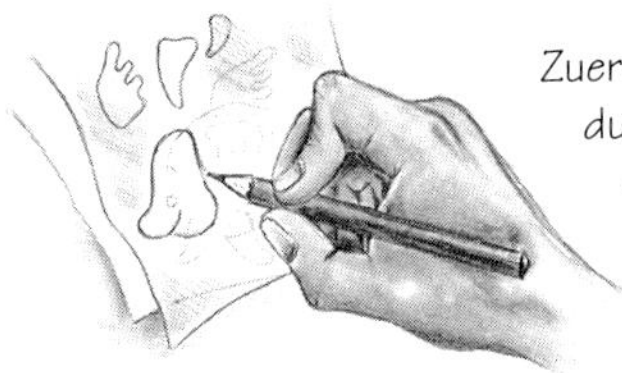

Zuerst die einzelnen Teile des Motivs auf Transparentpapier durchpausen, am besten nebeneinander. Dazu werden auf der Rückseite die Linien mit einem weichen Bleistift (ab Stärke B) oder mit dem Bügelmusterstift (DEKA) nachgezogen.

Jetzt das Motiv auf die gewünschte Moosgummiplatte durchrubbeln. Hierfür eignet sich jeder stiftartige runde Gegenstand, z. B. eine stumpfe Stricknadel, die Stielseite vom Pinsel, ein Teelöffel usw.

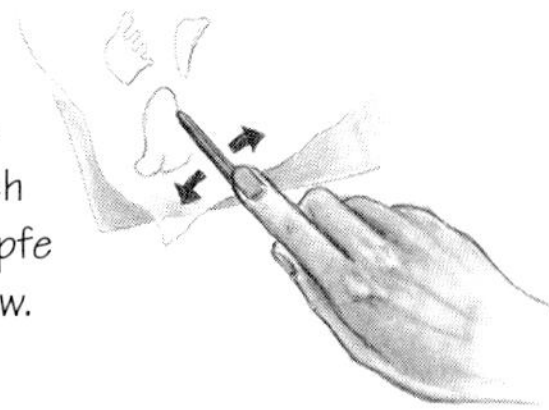

Die Motive ausschneiden und zusammenkleben. Beim Schneiden sollte das Moosgummiteil ständig gedreht und möglichst wenig die Schere abgesetzt werden.

Werkzeug:
Das Wichtigste ist eine scharfe Schere, die gut in der Hand liegt. Für lange gerade Linien eignet sich ein Skalpell bzw. Papiermesser. Größere Kreise schneidet man am besten mit dem Kreisschneider (Rayher, Knorr), für kleinere Kreise und Punkte sind Stanzeisen (Baumarkt) ein ideales Hilfsmittel.

Kleben:
Am besten haftet Sekundenkleber. Er ist auch sehr gut für kleine Teile einsetzbar, da man punktgenau dosieren kann. Beim Basteln mit Kindern sollte aber lieber der spezielle Moosgummikleber (Rayher, Knorr) verwendet werden.

Verzieren:
Wir arbeiten überwiegend mit einem wasserfesten Fineliner (z. B. Staedtler). Damit lassen sich die Gesichter am einfachsten wirkungsvoll bemalen. Für die Augen haben wir teilweise Halbperlen (Knorr) oder ausgeschnittene Moosgummiteile verwendet. Zum Bemalen eignen sich gut Plusterfarben (Hobbidee) oder 3D-Farben (Rayher), wobei beim Aufplustern mit dem Fön darauf geachtet werden muß, daß sich das Moosgummi nicht wellt. Ansonsten sind fast alle Bastelfarben zum Bemalen einsetzbar.

# ZWERG BLUME

## - Blumenstecker -

| | |
|---|---|
| Material | Moosgummi in Haut, Weiß, Dunkelgrün, Hellgrün, Pink, Rosé, Gelb, Lavendel, Lila, Schwarz<br>2 schwarze Halbperlen Ø 4 mm<br>Adapter<br>Pinkfarbenes Schleifenband |

Beginnen Sie mit dem Körper. Zuerst Arme und Schuhe aufkleben. Dabei nicht vergessen, die rechte Hand dazwischenzuschieben. Über den Körper und die Arme kommen der Bart und der Kopf, dahinter die Mütze. Die linke Hand besteht aus zwei Teilen. Beginnen Sie mit dem Daumen, setzen darüber den Blumenstiel mit Blättern und nochmals darüber die Finger. Den zweiten Teil des Blumenstiels hinter den Blättern anbringen. Zum Schluß alle restlichen Teile (wie Blüte, Bommel, Schuhsohlen, Ärmelinnenteil und Knopf) ankleben.

Die Augen bestehen aus 2 Halbperlen. Mund, Nase etc. werden aufgemalt.

Um den Adapter wird das Schleifchen gebunden. Den Stab haben wir mit einem lila Herz (fertiges Teil) verziert.

**Tip:** Die Blume bekommt etwas mehr Halt, wenn die Blüte an die Blätter und die Blätter an die Mütze geklebt werden.

# CLOWN PIPO UND SEIN SEEHUND

**- Bilderrahmen -**

Material

Moosgummi 2 mm in Haut, Orange, Rot, Dunkelrot, Gelb, Rosé, Flieder, Lavendel, Hellblau, Lachs, Weiß, Dunkelgrau, Blaugrün
Moosgummi 4 mm in Opal
3 schwarze Halbperlen 3 mm
Plusterfarbe in blaugrün (türkis)
Schwarzer Fineliner

Der Moosgummirahmen besteht aus einer 4mm-Platte und wird am besten an den geraden Kanten mit Hilfe eines Skalpells und eines Lineals geschnitten.
Clown Pipos Gesicht besteht aus vier Teilen, die von hinten nach vorne immer übereinander geklebt werden. Die Mütze setzen Sie mit der Kante am Kopf an und leimen den Mützenrand über beide Teile. Die seitlich eingeschnittenen Teile des Mützenrandes werden hinter die Mütze gesetzt. Nun kommen die Haare an den Kopf; ein Teil dahinter und eines davor, wobei das Ohr dann wieder hervorgezogen wird.
Auf den Körper werden Arme und Hosenträger geklebt. Darüber dann Hose und Kragen. Der fertige Kopf wird nun mit dem Mund auf dem Kragen befestigt.
Der Seehund ist schnell gemacht. Eine Flosse wird vor, eine hinter dem Körper befestigt. Der Ball wird an die Schnauzenkante geleimt. Zum Schluß wird der Sitzkasten mit Plusterfarbe verziert, die Augen aufgeklebt und mit dem Fineliner die letzten Feinheiten gemalt.

**Tip:** Kleben Sie die Rückseite des Rahmens möglichst nur am Rand fest, damit das Bild beim Einschieben nicht klemmt.

# ZWITSCHER & TSCHILP

## - Fensterbild -

Material    Moosgummi in Pink, Rosa, Apricot, Gelb, Hellbraun, Opal, Mint, Lila, Lavendel, Flieder, Weiß, Dunkelrot
Samtband
Nylonfaden
Schwarzer Fineliner

Zuerst werden die Vögel Zwitscher (ohne Mütze) und Tschilp komplett fertiggestellt. Die Köpfe bestehen aus je 3 Teilen incl. Schnabel, die von hinten nach vorne übereinandergeklebt werden. Tschilps Mütze wird an der Kopfkante angelegt; über beide Teile wird der Mützenrand geklebt. Der Flügel und die Krallen von Tschilp werden hinten am Kopf angebracht, dahinter wiederum Körper und Schwanz. Bei Zwitscher bringen Sie den Körper hinten am Kopf an, darunter die Flügel und vorne die Krallen.
Kleben Sie nun alle Vorhangteile zusammen und setzen diese aufs Fensterbrett. Dann nehmen die Vögel noch auf dem Brett Platz. Zwitscher sitzt hinter dem Vorhang, Tschilp vor Zwitscher und dem Vorhang. Zuletzt kleben Sie die Punkte auf den Vorhang, hängen den Mond ins Fenster und bemalen Augen, Krallen und Schnabel mit dem Fineliner.

Tip: Die Vorhangpunkte werden am besten mit verschieden großen Stanzeisen gestanzt.

# DIE VOGELSCHEUCHE

**- Blumenstecker -**

| | |
|---|---|
| Material | Moosgummi in Beige, Hellbraun, Dunkelbraun, Grau, Gelb, Olivgrün, Lavendel, Flieder, Hellblau, Dunkelrot<br>Adapter, Rundstab 4 - 5 mm<br>Plusterfarbe Weiß und Schwarz<br>Schwarzer Fineliner |

Fertigen Sie zuerst den Kopf an und befestigen dann Haare und großes Hutteil hinter dem Kopf. Das Hutband wird dann an den Kopf angelegt und der Hutrand über beide Teile geklebt. Die Jacke besteht aus zwei Teilen, wobei die Knopfhälfte die obenliegende ist. Wenn sie den Kopf auf die Jackenteile kleben, entsteht eine kleine Lücke, diese hinterkleben Sie mit einem Stück dunkelrotem Moosgummi.
Die Stohhände und Schuhe werden an die Kanten der Arme und Beine geklebt, über die Gelenke die Schuhränder bzw. Armbänder. Die Schuhsohlen werden ebenfalls an die Schuhkanten geklebt, wobei eine Sohle etwas herunterhängen kann (es sind ja schließlich alte Schuhe).
Der Hosenfleck wird mit Plusterfarbe "aufgenäht", der Rest mit Fineliner gemalt.

> Tip: Der Adapter wird am besten in der Mitte der Figur befestigt. Dazu kleben Sie nochmals ein Stück Moosgummi hinten auf das Jackenteil, so kann der Adapter gerade aufgeklebt werden.

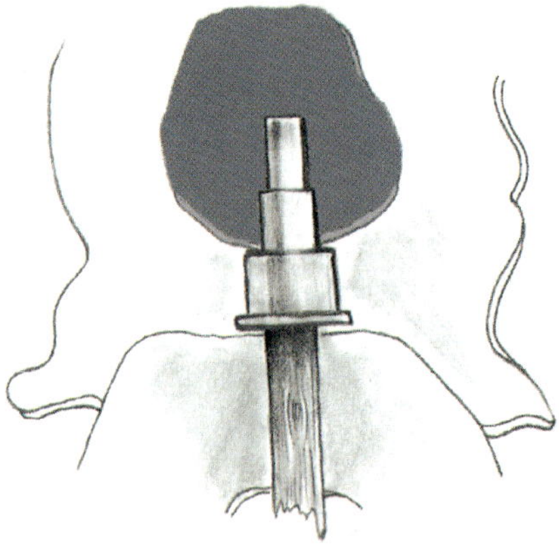

# MEINE KLEINEN SCHÄTZE

## - Schmuckdose -

| | |
|---|---|
| Material | Moosgummi in Gelb, Haut, Orange, Lavendel, Weiß, Schwarz, Dunkelblau, Bordeauxrot<br>Naturschnur, Straß-flach 4 mm rosa, beliebiges Schmuckteil<br>Plusterfarbe Blau und Lachs (Orange), Weiß<br>Perlschimmer 3D-Farbe Rotlila (Rayher)<br>Schwarzer Fineliner<br>Spanschachtel oval 17,5 x 13 cm |

Zuerst die Haare auf der Stirn und die Zöpfe von hinten an den Ohren festkleben. Nun den Kopf auf dem Hals aufsetzen. Die Zöpfe können Sie einfach über die Schultern legen. Auf den Körper kommen nun das Hemdchen sowie das Daumenteil der linken Hand, darüber der Spiegel und das Fingerteil. Die Schnur wird um den Hals gelegt, die Enden über dem Bauch zusammengelegt und mit dem fertigen Anhänger (3 aneinandergesetzte Teile) verklebt. Dann die Zopfhalter anbringen und den ovalen Untergrund mit Perlschimmer-Farbe beschriften. Anschließend die Straß-Steine aufkleben und das Mädchen mit Fineliner und Plusterfarbe bemalen: Brille - Blau, Sommersprossen - Orange, Augenpunkte - Weiß.
Am Schluß alles zusammenkleben und dem Mädchen noch das Schmuckteil zwischen die Finger geben.

**Tip:** Das Dosen-Unterteil läßt sich prima mit Seidenmalfarbe bemalen.

Schmuckdose

# MÄUSEHERZ

## - Haarspange -

Material Moosgummi in Gelb, Rot, Hellgrau, Rosé, Lavendel, Weiß
2 Schwarze Halbperlen Ø 3 mm
Haarspange 7 - 8 cm
Schwarzer Fineliner

Kopf und Körper der Mäuse von hinten mit dem Hals verbinden. Ein Ohr kommt vor, eines hinter den Kopf. Ebenso werden die Arme angebracht. Die fertigen Mäuse hinter den Käselöchern befestigen und das Herz zwischen die Hände kleben.
Bei den Händen wird das Teil, das hinter das Herz faßt, von hinten bzw. an den Kanten angeklebt.

# FRIEDEL FISCH

## - Haarspange -

Material Moosgummi in Hellblau, Mint, Lachs, Gelb
Haarspange 6 cm
Glitzerliner Gold
Schwarzer Fineliner

Kopf, Punkte und große Flosse von vorn, Rücken- und kleine Flosse von hinten ankleben. Augen, Mund und Braue haben wir mit dem Fineliner aufgemalt und den Körper zum Schluß mit Glitzergold verziert.

Tip: Die Spange hält besser, wenn noch ein Stück Moosgummi aufgeklebt wird.

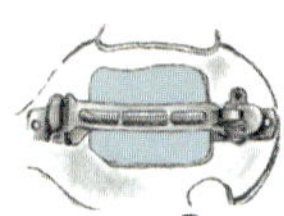

# FABIAN FUCHS

## - Blumenstecker -

| | |
|---|---|
| Material | Moosgummi in Hellbraun, Rosé, Weiß, Schwarz |
| | Adapter |
| | Rundstab 4 - 5 mm |
| | Bast |
| | Schwarzer Fineliner |

Zuerst den Kopf komplett fertigstellen. Dann Auge, Nase und Innenohr aufkleben und das zweite Ohr von hinten anbringen.
Nun den Kopf und den Schwanz auf dem Körper, die Füße hinten befestigen.
Die Wimpern, die Brauen etc. werden mit dem Fineliner aufgemalt. Um dem Stecker noch etwas Pfiff zu geben, kann um den Adapter noch eine Bastschleife gebunden werden.

**Tip:** Für kleine Teile, wie z. B. Augen Innenohren, kann Moosgummi in 1 mm Stärke verwendet werden. Das läßt sich leichter schneiden und trägt nicht auf.

# MEIN TÜRSCHILD

## - Türschild -

| Material | Moosgummi in Opal, Hellblau, Maigrün, Dunkelgrün, Hellbraun, Grau, Haut, Gelb, Rosa, Rosé, Rot, Lachs, Lavendel, Lila, Weiß, Schwarz, Buchstaben für Namen<br>Plusterfarbe in Dunkelbraun, Gelb, Weiß<br>1 Halbperle Ø 4 mm<br>Fineliner Schwarz<br>Aufhänger |
|---|---|

Zuerst legen Sie den Hut am Kopf an und kleben über beide Teile den Hutrand. Die Enden werden hinter dem Hut befestigt. Dann legen Sie die Haare an der Hutrandkante an und kleben sie fest. Nun kommen der fertige Kopf und der Arm auf das Hemdchen, dahinter wird der Rock befestigt. Sobald der Fuß mit dem Schuh angebracht ist, kann das Mädchen auf der Decke Platz nehmen. Der Korb besteht aus zwei Teilen, wobei das weiße Tuch dazwischen steckt. Die Teile des Apfels werden alle an den Kanten verklebt. Jetzt werden sämtliche Teile übereinander gesetzt; der Schmetterling wir nur am Hintergrund befestigt.
Zum Schluß alle Stücke mit Fineliner bemalen bzw. mit Plusterfarbe verzieren. Das Auge vom Kätzchen ist eine Halbperle, das vom Mädchen besteht aus Moosgummi.
Der Name wird in passenden Farben halbkreisförmig aufgeklebt. Eine Hilfslinie ist im Vorlagebogen enthalten.

> Tip: Kleine Kreise, wie z. B. Augen oder Blüteninneres, stanzt man am besten aus. Die Nase des Kätzchens kann auch mit Plusterfarbe gemalt werden.

LAURA

# KLEINER MANN IM MOND

## - Hängekugel -

Material

Moosgummi 2 mm in Haut, Dunkelblau, Flieder, Opal, Hellbraun, Dunkelgrau, Rot, Gelb
4 mm in Gelb
Teilbare Plastikkugel Ø 16 cm
Nylonfaden, Goldfäden (Fimo)
Gelber Tüll, Schleifenband in Mintgrün
Plusterfarbe in Lachs und Lila
Fineliner Schwarz

**Tip:** Der Mond aus 4 mm Moosgummi wird am besten mit dem Kreisschneider ausgeschnitten. Die Markierungspunkte zum Einstechen sind auf der Vorlage mit einem "x" gekennzeichnet.

Hemd und Mütze werden zuerst hinter den Kopf geklebt, wobei der Mützenzipfel über das Hemd gelegt wird. Vergessen Sie nicht, das rechte Ohr zwischen Kopf und Mütze zu stecken. Den fertigen Junge jetzt noch auf Hemd, Hose und im Gesicht verzieren und auf den Mond kleben.
Die Kerzenteile werden an den Kanten verklebt und auf die Mondkante gesetzt. Anschließend leimen Sie den Mond an der gesamten Kante in die kleinere Kugelhälfte und geben die Goldfäden dazu. Den Stern klemmen Sie mit einem Nylonfaden zwischen die geschlossenen Kugelhälften.

**Tip2:** Soll die Kugel mitten im Raum hängen, können Sie noch einen Jungen auf die Rückseite des Mondes kleben, und zwar seitenverkehrt. So haben Sie von allen Seiten den gleichen schönen Anblick.

# ALLES GUTE

## - Karte -

Material

Moosgummi in Hellbraun, Rosé, Lavendel, Lila, Pink, Gelb, Weiß, eine Zahl
2 Halbperlen Schwarz Ø 3 mm,
Glitzerliner Gold
Plusterfarbe Gelb,
Fineliner Schwarz
Karte unbedruckt

Zu Beginn werden die Torte und das Bärchen fertiggestellt. Dann kleben Sie die Tortenteile von oben nach unten übereinander, nur die Sahne kommt über zwei Teile. Auf Bärchens Körper werden Kopf, Arme, Beine und Bauch befestigt. Alles zusammen setzen Sie dann auf das lila Rechteck (Flammen nicht vergessen) und verzieren mit Fineliner, Glitzer- und Plusterfarbe. Wenn alles gut getrocknet und geplustert ist, wird das komplette Teil auf die Karte geklebt.

Tip: Wenn Sie die Karte verschicken möchten, empfiehlt es sich, Moosgummi in 1 mm Stärke zu verwenden.

# KLOTHILDE KUH

## - Geschenkstecker -

Material

Moosgummi 2 mm in Weiß, Schwarz, Rosé, Hellbraun, Beige, Rot
4 mm in Weiß
Teilbare Plastikkugel Ø 10 cm
Adapter für Rundstab,
Rundstab 1 cm
Schleifenband,
3 rosa Perlen
Fineliner Schwarz

Den Hals, die Beine und den Schwanz aus 4 mm starkem Moosgummi ausschneiden, weil diese Teile mit den Kanten an die Kugel geklebt werden. Klothilde ist schnell gemacht. Alle schwarzen Teile aufkleben. Beim Kopf werden der Mund vorne und die Ohren hinten angesetzt. Hörner und Haare legen Sie aneinander und kleben sie auf die Stirn. Die Augen am besten ausstanzen.
Die fertigen Teile werden an die größere Kugelhälfte geklebt. In die Kugel können Sie nun ein kleines Geschenk oder Bonbons packen. Das Schleifenband wird um den Adapter gewickelt

# HIER WOHNT FAMILIE...

## - Haustürschild -

| | |
|---|---|
| Material | Moosgummi 2 mm in Hellblau, Hellgrün, Maigrün, Dunkelgrün, Hellbraun, Weiß, Rot, Flieder<br>1 mm in Dunkelbraun, Beige, Grau<br>Plusterfarbe in Rosa, Weiß, Gelb<br>3D-Farbe in Goldgelb<br>2 Halbperlen Schwarz Ø 3 mm<br>Fineliner Schwarz<br>Aufhänger |

Das Haus ist relativ klein und es liegen viele Teile übereinander, deshalb ist es von Vorteil, wenn die Hausbalken aus dünnem Moosgummi geschnitten werden.
Beginnen Sie mit den senkrechten Balken, kleben darüber die waagrechten und nochmals darüber die Dächer. Sind alle Häuser soweit fertiggestellt, setzen Sie das kleinste auf das größte und setzen dahinter das mittlere. Hinter das runde Fenster, die Türe und den Kamin wird ein Stück grauer Moosgummi geklebt. Das komplette Haus, den Baum mit Zaun sowie die Wolke bringen Sie nun auf dem Hintergrund an. Die fertige grüne Rasenfläche wird darüber geklebt. Den Vogel mit der Körperkante an den Hintergrund anlegen und darüber die Krallen kleben.
Zum Schluß den Namen, die Blumen und den Pilz mit Plusterfarbe oder 3D-Farbe verzieren bzw. mit Fineliner bemalen.

Hier wohnt
Fam. Apel

# AUF DEM BAUERNHOF

## - Uhr -

Material

Moosgummi 2 mm in Hellbraun, Dunkelbraun, Weiß, schwarz, Hellgrau, Dunkelgrau, Rosé, Lila, Bordeaux, Grünblau, Hellgrün, Rot, Gelb, Orange, Beige
Moosgummi 4 mm in Hellbraun + Zahlen 1 - 2 - 3 - 6 - 9
5 Halbperlen Ø 3 mm Schwarz
Plusterfarbe Gelb
Uhrwerk - Achslänge 20 mm
Zeiger Messing 46 mm (Stewa)
Fineliner Schwarz

Es gibt viel zu tun, kleben wir's an!
Beginnen Sie mit Bello, setzen seinen Kopf über beide Pfoten und plazieren ihn in seinem fertigen Haus. Hinter Bello bringen Sie noch ein Stück schwarzen Moosgummi an, dadurch wirkt die Hütte dunkler.
Das Vogelhaus ist schnell gemacht. Auf dem Haus wird das Dach befestigt und dahinter die beiden Halterungen. Jetzt den Kamin und den Sitzplatz (Punkt) für den Vogel anbringen. Der fertige Pferdekopf wird in die Tür geklebt, wobei der Hals hinter dem Fenster verschwindet. Auch dieses Teil mit Schwarz hinterlegen.
Das Schwein wälzt sich in der Pfütze, die auf die Tür geklebt wird. Beim Hahn wird bis auf die Kralle und den Kamm alles von oben aufgeklebt. Die Gabel steckt hinter dem Heuhaufen.
Das Ziffernblatt kann am einfachsten mit dem Kreisschneider ausgeschnitten werden, die Punkte mit dem Stanzeisen.
Zum Schluß alles auf der Scheune befestigen und die Tiere mit dem Fineliner bemalen.

12
3
6
9
BELLO

# DER ROSAROTE ELEFANT

## - Blumenstecker -

Material Moosgummi in Pink, Rosa, Rosé, Grau, Lavendel, Schwarz, Weiß,
Herzen
Adapter, Rundstab Ø 4 - 5 mm
Schleifenband Pink
2 Halbperlen Ø 3 mm Schwarz
Fineliner Schwarz

Auf dem Elefantenkörper werden Ohr, Zahn, Auge sowie die Fußzehen befestigt und dahinter der Schwanz.
Die Ohren der Maus kleben Sie hinter den Kopf und diesen dann zusammen mit den Pfoten auf den Korbrand. Das Korbunterteil wird dann wieder auf dem Elefantenkörper angebracht. Die Augen der Maus sind die zwei Halbperlen. Brauen, Wimpern etc werden mit dem Fineliner aufgemalt.
Um dem Stecker den letzten Schliff zu geben, binden Sie eine Schleife um den Adapter und hängen die beiden Herzen daran.

# Vielseidig Verlag

## Moosgummi - Witziges Allerlei

Laubanger 19B • 96052 Bamberg Vielseidig Verlag Bamberg GROH & CO. • Tel. 0951/6 89 97